Orlando Syrg Taschenbuch 172018

OR
SY
TA

RAT ACBO

Reihe

Alte Tradition

Azurcelesteblueoscuro

herausgegeben

von

Joerg K. Sommermeyer & Orlando Syrg

Exemplarische Werke der Weltliteratur

herausgegeben von

Joerg K. Sommermeyer

Über dieses Buch

August Stramms neue überraschende Wortkunst ist von kaum zu überschätzender Bedeutung; sie wirkte beispielgebend auf Autoren wie Kurt Schwitters (1887-1948), Alfred Döblin (1878-1957), Kurt Heynicke (1891-1985), Otto Nebel (1892-1973), Franz Richard Behrens (1895-1977), Walter Mehring (1896-1981), Arno Schmidt (1914-1979), Ernst Jandl (1925-2000), Gerhard Rühm (* 12. Februar 1930). Paul Hindemith, Wolfgang Rihm u. a. vertonten seine Werke. Liebe und Erotik sowie Kriegserfahrungen sind die Themen seiner wegweisenden Lyrik, die den entscheidenden Schritt zur Abstraktion wagt. Angst, Begehren, Wollen, Abwehr, gleichzeitig widersprüchlich. Situative Beschreibungen von Liebeskampf, Verabredung, Erfüllung, Untreue; »romantische«, traditionelle Bilder von Mondblick, Mondschein, Abendgang. Erotische Vereinigung transzendiert zur visionären Alleinheit von Welt und Seele. Kosmischer Mystizismus. Schicksal zyklischen Werdens und Vergehens. Sinnlose Widersprüche. Verdorbenes Walten des Weltgeists in »*Werttod*« (siehe unten, S. 54). Wirrnis und Zerrissenheit: »*Es bäumt sich alles in mir dagegen und doch fühle ich mich hingezogen. Ich fliehe und stürze in einem Schlage! ... Eigenartig Tod und Leben ist eins.*«

Der Autor

August Stramm, geboren am 29. Juli 1874 in Münster; gestorben am 1. September 1915 bei Horodec (östlich Kobryn, heute Weißrussland); während eines Sturmangriffs an der Ostfront gefallen (Kopfschuss). Postdirektor im Berliner Reichspostministerium. Lyriker und Dramatiker des Expressionismus (gesamteuropäische Kunstbewegung 1910-1924 gegen schlaffes, wohlanständiges Bürgertum, Genussästhetik und Jugendstil; Symbiose aller Künste, Gesamtkunstwerk aus Bild, Wort, Musik, Tanz; plakativ, erregt, exklamatorisch, aggressiv, deformierend, archaisch, wild, Erhabenes parodierend, Banales heroisierend, Simultaneität erzwingend). Von simpler Grammatik, Logik und Wirklichkeit freie Wortkunst. »*Schrei-Dramen*«, handlungsarm, ekstatisch, radikal verkürzt, Rhythmus, unmittelbar expressiv, das »*einzige allessagende Wort*«, Substantive, substantivierte Verben, Neologismen. [Detaillierter Lebenslauf siehe Joerg K. Sommermeyer, *Biographischer Abriss August Stramms*, unten S. 69 ff.]

Der Herausgeber

Joerg K. Sommermeyer (JS), geb. 14.10.1947 in Brackenheim, Sohn des Physikers Prof. Dr. Kurt Hans Sommermeyer (1906-1969). Kindheit in Freiburg. Studierte Jura, Philosophie, Germanistik, Geschichte und Musikwissenschaft. Klassische Gitarre bei Viktor v. Hasselmann und Anton Stingl. Unterrichtete in den späten Sechzigern Gitarre am Kindergärtnerinnen-/Jugendleiterinnenseminar und in den Achtzigern Rechtsanwaltsgehilfinnen in spe an der Max-Weber-Schule in Freiburg. 1976 bis 2004 Rechtsanwalt in Freiburg. Setzte sich für eine Verstärkung des Rechtsschutzes bei Grundrechtseingriffen ein (Unterbringungsrecht, Untersuchungshaft, Durchsuchungsrecht). Zahlreiche Veröffentlichungen in juristischen Fachzeitschriften sowie Artikel in Musikblättern. Gründer und Vorsitzender der Internationalen Gitarristischen Vereinigung, Organisator und Künstlerischer Leiter der Freiburger Gitarren- und Lautentage, Herausgeber und Redakteur der Zeitschrift *Nova Giulianiad: Saitenblätter für die Gitarre und Laute*. Juror beim Schlesischen Gitarrenherbst in Tychy und Internationalen Gitarrenkongress Freiburg/Basel/ Straßburg. Songs, Liedtexte, Arrangements, Instrumentalmusik. 7 CDs, u. a.: *Total Overdrive, Those Rocks & Lieders, Nel Cuore Romanzo Rock, Ergo, 7 Celebrities*. Prosa: Anton Unbekannt, Pathoaphysischer Antiroman, Tragigroteskenfragment, 2008/2009; Vernimm mein Schreien, 2017/2018. Lieblingsmärchen, 2017/2018. Edition von Werken u. a. Franz Trellers, Oskar Panizzas, Fritz von Ostinis, Hugo Balls, Carl Einsteins, Ludwig Rubiners, Franz Kafkas, Heinrich von Kleists, Christian Morgensterns, Robert Müllers, Joseph von Eichendorffs, Adelbert von Chamissos, Georg Büchners, Denis Diderots, Wilhelm Heinrich Wackenroders, E. T. A. Hoffmanns, Heinrich Heines, Rainer Maria Rilkes, Annette von Droste-Hülshoffs, Jeremias Gotthelfs und Marie von Ebner-Eschenbachs.

Orlando Syrg, Berlin, 22. Oktober 2018

Joerg K. Sommermeyer (Hg.)

August Stramms

Gedichte

Durchgesehen, revidiert und mit einem biographischen Abriss
herausgegeben

von

Joerg K. Sommermeyer

Orlando Syrg

MMXVIII

1. Auflage 2018

Orlando Syrg, Berlin (vormals Freiburg i. Brsg.)

Orlando Syrg Taschenbuch

ORSYTA 172018

Reihe Alte Tradition Azurcelesteblueoscuro

RAT ACBO 13

Revision, Herausgabe und biographischer Abriss:
Joerg K. Sommermeyer

Umschlaggestaltung (unter Verwendung eines Ausschnitts des Gemäldes von Franz Marc, *"Tierschicksale"* {Und alles Sein ist flammend Leid}, 1913, auf der Vorderseite): JS

Lektorat, Satz und Layout: Werner Willig, JS, Max Schilling, Ton Unbe, Kurt Marie, Martina Pfennig, Hans Ohnson, Käthe Redner

Herstellung, Verlag BoD - Books on Demand, Norderstedt

Made in Germany

ISBN 9783748148623

Inhalt

Du
Liebesgedichte

[Der Sturm, Berlin 1914]

Liebeskampf

Das Wollen steht
Du fliehst und fliehst
Nicht halten
Suchen nicht
Ich
Will
Dich
Nicht!
Das Wollen steht
Und reißt die Wände nieder
Das Wollen steht
Und ebbt die Ströme ab
Das Wollen steht
Und schrumpft die Meilen in sich
Das Wollen steht
Und keucht und keucht
Und keucht
Vor dir!
Vor dir
Und hassen
Vor dir
Und wehren
Vor dir
Und beugen sich
Und
Sinken
Treten
Streicheln
Fluchen
Segnen
Um und um
Die runde runde hetze Welt!
Das Wollen steht!
Geschehn geschieht!

Im gleichen Krampfe
Pressen unsre Hände
Und unsre Tränen
Wellen
Auf
Den gleichen Strom!
Das Wollen steht!
Nicht Du!
Nicht Dich!
Das Wollen steht!
Nicht
Ich!

Verabredung

Der Torweg fängt mit streifen Bändern ein
Mein Stock schilt
Klirr
Den frechgespreizten Prellstein
Das Kichern
Schrickt
Durch Dunkel
Trügeneckend
In
Warmes Beben
Stolpern
Hastig
Die Gedanken.
Ein schwarzer Kuss
Stiehlt scheu zum Tor hinaus
Flirr
Der Laternenschein
Hellt
Nach
Ihm
In die Gasse.

Mondblick

An meine Augen spannt der Schein.
Das Schläfern glimmt in deine Kammer
Gelbt hoch hinauf
Und
Schwület mich!
Matt
Bleicht das Bett
Und
Streift die Hüllen
Stülpt frech das Hemd
Verfröstelt
Auf den Mond.
Jetzt
Leuchtest du
Du
Leuchtest leuchtest!
Glast
Blaut die Hand
In glühewehe Leere
Reißt nach den Himmel
Mond und Sterne
Stürzen
Schlagen um mich
Wirbeln
Tasten
Halt Halt Halt!
Und
Zittern aus zu Ruh
Am alten Platz!
In
Deinem Fenster droben
Gähnmüd
Blinzt
Die Nacht!

Erfüllung

Meine Sporen frechzen deine Spitzen
Bläulich kichern die Äderchen fort
In Sicherheit höhnisch
Im
Schimmrigen Weich
Bebige Hügel wiegen Verlangen
Köpfchen rosen empor und steilen Gewähr.
Die Lippe zerfrisst sich!
Golden ringeln Würger hinunter
Und schnüren den Hals zu
Nach meinen Fingern tastet dein Blut
Und siedet den Kampf.
Die Seelen ringen und kollern abseit!
Hoch schlagen die Röcke den Blick auf
Goldhellrot
Rotweichrot
Flamme zischt in das Hirn
Und sticht mir das Schaun aus!
Sinken Sinken
Schweben und Sinken
Schwingen im Sturme
Im Sturm
Im schreikrollen Meer!
Ziegelrot
Über uns segnet der Tod
Säender Tod!

Freudenhaus

Lichte dirnen aus den Fenstern
Die Seuche
Spreitet an der Tür
Und bietet Weiberstöhnen aus!
Frauenseelen schämen grelle Lache!
Mutterschöße gähnen Kindestod!
Ungeborenes
Geistet
Dünstelnd
Durch die Räume!
Scheu
Im Winkel
Schamzerpört
Verkriecht sich
Das Geschlecht!

Wankelmut

Mein Suchen sucht!
Viel tausend wandeln Ich!
Ich taste Ich
Und fasse Du
Und halte Dich!
Versehne Ich!
Und Du und Du und Du
Viel tausend Du
Und immer Du
Allwege Du
Wirr
Wirren
Wirrer
Immer wirrer
Durch
Die Wirrnis

Du
Dich
Ich!

Untreu

Dein Lächeln weint in meiner Brust
Die glutverbissnen Lippen eisen
Im Atem wittert Laubwelk!
Dein Blick versargt
Und
Hastet polternd Worte drauf.
Vergessen
Bröckeln nach die Hände!
Frei
Buhlt dein Kleidsaum
Schlenkrig
Drüber rüber!

Siede

Meine Schwäche hält sich mühsam
An den eigenen Händen
Mit meinen Kräften
Spielen deine Knöchel
Fangeball!
In deinem Schreiten knistert
Hin
Mein Denken
Und
Dir im Auggrund
Stirbt
Mein letztes Will!
Dein Hauch zerweht mich
Schreivoll in Verlangen

Kühl
Kränzt dein Tändeln
In das Haar
Sich
Lächelnd
Meine Qual!

Verhalten

Meine Augen schwingen in deinen Brüsten
Dein Haupt beugt glutrot weichen Schatten
Drauf!
Der Atem schämigt hemmend
Das Gewoge.
Mich krallt die Gier
Und herbe Dünste bluten
In seinen Ketten
Rüttelt
Der Verstand.
Fein
Knifft die Scheu die Lippen lächelnd
Kälter!
Mein Arm nur
Fasst
Im Schwung
Dich
Heißer heiß!

Vorübergehn

Das Haus flackt in den Sternen
Mein Schritt verhält und friert.
In deinem Schoße schläft mein Hirn.
Mich fressen Zweifel!
Voll

Schattet deine Büste in dem Fenster
Das Spähen hüllt mich lautlos
Die Sterne streifeln glühes Eisen
Mein Herz
Zerkohlt!
An deinem Fenster
Eist
Ein Windhauch Asche.
Die Füße tragen weiter leere Last!

Erhört

Das Hauchen weht
Und
Wirft die Widerstände
Das Wehen bebt
Und
Schüttelt Halt zu Boden
Das Hauchen braust
Und
Wirrt die wühle Tiefe
Das Brausen schwirrt
Und
Schluchzt das Herzblut auf.
Das Hauchen stürmt
Und
Reißt die Zeit in Ewig
Das Stürmen stürzt
Und
Wirbelt in das Nichtsein!
Du
Haucht
Das
Du!
Und
Hauchen Hauchen

Hauchen
Stürmet
Du!

Traum

Durch die Büsche winden Sterne
Augen tauchen blaken sinken
Flüstern plätschert
Blüten gehren
Düfte spritzen
Schauer stürzen
Winde schnellen prellen schwellen
Tücher reißen
Fallen schrickt in tiefe Nacht.

Zwist

Gallen foltern bäumen lösen
Knirschen zürnen meiden Hass
Zittern stampfen schäumen grämen
Suchen beben forschen bang
Wenden zagen schauen langen
Stehen rühren seufzen gehn
Streicheln klagen
Kosen schelten
Schämen schmäht
Und
Fliehen wirbt
Schmiegen wehret
Armen sträubet
Quälen küsst
Vergessen
Lacht!

Verzweifelt

Droben schmettert ein greller Stein
Nacht grant Glas
Die Zeiten stehn
Ich
Steine.
Weit
Glast
Du!

Schwermut

Schreiten Streben
Leben sehnt
Schauern Stehen
Blicke suchen
Sterben wächst
Das Kommen
Schreit!
Tief
Stummen
Wir.

Heimlichkeit

Das Horchen spricht
Gluten klammen
Schauer schielen
Blut seufzt auf
Dein Knie lehnt still
Die heißen Ströme
Brausen
Heiß
Zu Meere

Und
Unsere Seelen
Rauschen
Ein
In
Sich.

Mondschein

Bleich und müde
Schmieg und weich
Kater duften
Blüten graunen
Wasser schlecken
Winde schluchzen
Schein entblößt die zitzen Brüste
Fühlen stöhnt in meine Hand.

Sehnen

Die Hände strecken
Starre bebt
Erde wächst an Erde
Dein Nahen fernt
Der Schritt ertrinkt
Das Stehen jagt vorüber
Ein Blick
Hat
Ist!
Wahnnichtig
Icht!

Wiedersehen

Dein Schreiten bebt
In Schauen stirbt der Blick
Der Wind
Spielt
Blasse Bänder.
Du
Wendest
Fort!
Den Raum umwirbt die Zeit!

Blüte

Diamanten wandern übers Wasser!
Ausgereckte Arme
Spannt der falbe Staub zur Sonne!
Blüten wiegen im Haar!
Geperlt
Verästelt
Spinnen Schleier!
Duften
Weiße matte bleiche
Schleier!
Rosa, scheu gedämpft, verschimmert
Zittern Flecken
Lippen, Lippen
Durstig, krause, heiße Lippen!
Blüten! Blüten!
Küsse! Wein!
Roter
Goldner
Rauscher
Wein!
Du und Ich!
Ich und Du!

Du?!

Dämmerung

Hell weckt Dunkel
Dunkel wehrt Schein
Der Raum zersprengt die Räume
Fetzen ertrinken in Einsamkeit!
Die Seele tanzt
Und
Schwingt und schwingt
Und
Bebt im Raum
Du!
Meine Glieder suchen sich
Meine Glieder kosen sich
Meine Glieder
Schwingen sinken sinken ertrinken
In
Unermesslichkeit
Du!

Hell wehrt Dunkel
Dunkel frisst Schein!
Der Raum ertrinkt in Einsamkeit
Die Seele
Strudelt
Sträubet
Halt!
Meine Glieder
Wirbeln
In
Unermesslichkeit
Du!

Hell ist Schein!

Einsamkeit schlürft!
Unermesslichkeit strömt
Zerreißt
Mich
In
Du!
Du!

Wunder

Du steht! Du steht!
Und ich
Und ich
Ich winge
Raumlos zeitlos wäglos
Du steht! Du steht!
Und
Rasen bäret mich
Ich
Bär mich selber!
Du!
Du!
Du bannt die Zeit
Du bogt der Kreis
Du seelt der Geist
Du blickt der Blick
Du
Kreist die Welt
Die Welt
Die Welt!
Ich
Kreis das All!
Und du
Und du
Du
Stehst

Das
Wunder!

Schön

Wissen Tören
Wahr und Trügen
Mord Gebären
Sterben Sein
Weinen Jubeln
Hass Vergehen
Stark und Schwach
Unmöglich
Kann!
Dein Körper flammt!
Die Welt
Erlischt!

Trieb

Schrecken Sträuben
Wehren Ringen
Ächzen Schluchzen
Stürzen
Du!
Grellen Gehren
Winden Klammern
Hitzen Schwächen
Ich und Du!
Lösen Gleiten
Stöhnen Wellen
Schwinden Finden
Ich
Dich
Du!

Begegnung

Dein Gehen lächelt in mich über
Und
Reißt das Herz.
Das Nicken hakt und spannt.
Im Schatten deines Rocks
Verhaspelt
Schlingern
Schleudert
Klatscht!
Du wiegst und wiegst.
Mein Greifen haschet blind.
Die Sonne lacht!
Und
Blödes Zagen lahmet fort
Beraubt beraubt!

Fluch

Du sträubst und wehrst!
Die Brände heulen
Flammen
Sengen!
Nicht Ich
Nicht Du
Nicht Dich!
Mich!
Mich!

Spiel

Deine Finger perlen
Und
Kollern Stoßen Necken Schmeicheln
Quälen Sinnen Schläfern Beben
Wogen um mich.
Die Kette reißt!
Dein Körper wächst empor!
Durch Lampenschimmer sinken deine Augen
Und schlürfen mich
Und
Schlürfen schlürfen
Dämmern
Brausen!
Die Wände tauchen!
Raum!
Nur
Du!

Allmacht

Forschen Fragen
Du trägst Antwort
Fliehen Fürchten
Du stehst Mut!
Stank und Unrat
Du breitst Reine
Falsch und Tücke
Du lachst Recht!
Wahn Verzweiflung
Du schmiegst Selig
Tod und Elend
Du wärmst Reich!
Hoch und Abgrund
Du bogst Wege

Hölle Teufel
Du siegst Gott!

Werben

Geheimnis bogt das Tor
Erde Himmel
Harren!
Harren!
Auf schließt dein Blick!
Blend
Wirrt und greift
Und tastet
Krampf in leeren Händen.
Dein Lächeln wehrt.
Verschlossen blickt das Tor.
Mein Harren harrt
Und
Gott und Himmel pochen!

Abendgang

Durch schmiege Nacht
Schweigt unser Schritt dahin
Die Hände bangen blass um krampfes Grauen
Der Schein sticht scharf in Schatten unser Haupt
In Schatten
Uns!
Hoch flimmt der Stern
Die Pappel hängt herauf
Und
Hebt die Erde nach
Die schlafe Erde armt den nackten Himmel
Du schaust und schauerst
Deine Lippen dünsten

Der Himmel küsst
Und
Uns gebärt der Kuss!

Erinnerung

Welten schweigen aus mir raus
Welten Welten
Schwarz und fahl und licht!
Licht im Licht!
Glühen Flackern Lodern
Weben Schweben Leben
Nahen Schreiten
Schreiten
All die weh verklungenen Wünsche
All die herb zerrungenen Tränen
All die barsch verlachten Ängste
All die kalt erstickten Gluten
Durch den Siedstrom meines Blutes
Durch das Brennen meiner Sehnen
Durch die Lohe der Gedanken
Stürmen stürmen
Bogen bahnen
Regen wegen
Dir
Den Weg
Den Weg
Den Weg
Zu mir!
Dir
Den Weg
Den ichumbrausten
Dir
Den Weg
Den duumträumten
Dir

Den Weg
Den flammzerrissenen
Dir
Den Weg
Den unbegangenen
Nie
Gefundenen Weg
Zu
Mir!

Die Menschheit

[Der Sturm, Berlin 1914]

Tränen kreist der Raum!
Tränen Tränen
Dunkle Tränen
Goldne Tränen
Lichte Tränen
Wellen krieseln
Glasten stumpfen
Tränen Tränen
Tränen
Funken
Springen auf und quirlen
Quirlen quirlen
Wirbeln glitzen
Wirbeln sinken
Wirbeln springen
Zeugen
Neu und neu und neu
Vertausendfacht
Zermilliont
Im Licht!
Tränen Tränen
Tränen Funken
Augen schimmern
Augen Augen
Nebeln schweben
Tauchen blinzeln
Saugen
Schwere schwere
Blinde
Tief
Hinunter
In die Nächte
Reißen
Schaun!
Schatten dampfen
Weiche blasse

Fließen fließen
Wallen wogen
Hart und härter
Runden Formen
Ungetüme
Ungestüme
Ungefüge
Leiber
Leiber
Walzen wälzen
Stalten sondern
Einen fliehen
Zeugen schwellen
Tummeln starren
Fliegen stürzen
Stürzen stürzen
Stürzen stürzen
In
Den
Schrei!
Mäuler
Gähnen
Gähnen klappen
Klappen schnappen
Schnappen
Laute
Laute Laute
Schüttern Ohren
Horchen Horchen
Schärfen Horchen
Schwingen Schreie
Töne Töne
Rufe Rufe
Klappen Klarren
Klirren Klingen
Surren Summen

Brummen Schnurren
Gurren Gnurren
Gurgeln Grurgeln
Pstn Pstn
Hsstn Hsstn
Rurren Rurren
Rurren Rurren
Sammeln Sammeln
Sammeln Stammeln
Worte Worte Worte
Wort
Das Wort!
Worte Worte
Worte Worte
Binden
Schauen
Fühlen
Tasten
Bauen
Worte Worte Worte
Sinnen
Schrecken Grausen Furcht
Bringen
Hilfe Stütze Nahrung
Schlingen
Bänder Fesseln Ketten
Schüttern
Freuen Fluchen Weh
Bilden
Bilder
Bilder Formen
Wecken nähren
Nähren mehren
Stützen gängeln
Lehren
Stehen

Lehren lehren
Aufrecht stehn
Den
Menschengeist!
Taumeln Taumeln
Irren Wirren
Wippeln Kanten
Fallen Heben
Tappen Halten
Zagen Leben
Gehen
Vorwärts rückwärts
Seitwärts seitwärts
Aufwärts
Abwärts
Tasten Schwanken
In das Dunkel
Bauet
Krücken
Krücken Krücken
Brücken Brücken
Wahne Wahne
Wahne Tiefen
Wahne Höhen
Wahne Schrecken
Wahne Hoffen
Wahne Strafen
Wahne Löhne
Aus
Dem
Eigenen
Blute Blute
Stückt den Raum
In
Wahne Wahne
Reißet aus dem Raum

Das
Ich!
Reißt aus Ich
Das
Um ihn Um ihn
Reißt
Das
Um ihn Um ihn
Reißt
Sich
Selber Selber Selber
Reißt
Die Formen
Reckt
Die Formen
Reckt
Das
Um ihn
Reckt
Das
Um sich
Reckt
Sich
Selber Selber Selber
Reckt
Die
Hand!
Hände
Kampfen
Krampfen kämpfen
Bluten Beten
Holen Leben
Schmettern würgen
Morden morden
Streicheln schmeicheln
Rächen rächen

Hüten wehren
Treiben stoßen
Jagen
Füße
Über
Felder
Felder Felder
Wüsten Wälder
Spreiten Schenkel
Schmettern Hirne
Stopfen Mäuler
Sticken Worte
Würgen Leiber
Trümmern Formen
Wehren Schatten
Pressen Tränen
Tränen Tränen
Schwarze Tränen
Tränen Tränen
Blutige Tränen
Tränen Tränen
Greuel Greuel
Unerhörte Greuel
Ziehen
Ziehen wachsen
Wachsen deihen
Reifen reifen
Reifen Früchte
Stählen Kräfte
Spannen
Zeit
Spannen
Zeit
Spannen
Zeit
Spannen Zeit

Die wesensbare
Spannen Zeit
Die grauenbäre
Spannen Zeit
Die fassenstrotze
Spannen Zeit
In
Feste Schirre
Ungeheure
Winzge
Schirre
Knechten Zeit
In
Starre Masse
Knechten Zeit
Um
Sterne Sterne
Knechten
Sterne
Aus dem Raume
Sterne Sterne
Sterne Sterne
Krammen Sterne
In
Die Arme
Sterne Welten
Welten
Und
Umpranken
Ihr
Geheimnis
Ihr Geheimnis
Ihr Geheimnis
Grauenrund
Und
Richtespurvag

Raum und Raum
Und
Raum und Raum
Raum und Raum
Ringsum um um
Höhe Tiefe
Länge Breite
Raum
Nur Raum
Nur Raum nur Raum
Schwingen Rasen
Rasen Schwingen
Um
Im Raum
Im Raum
Im Raume
Klammern Krallen
Feste fester
Zittern Beben
Klammern Krallen
Aneinander
Durcheinander
Oben unten
Unten oben
Raum und Schwingen
Raum und Wirbeln
Schwingen Prellen
Prellen Schleudern
Klammern Klammern
Klammern Klammern
Menschen Menschen
Menschen Menschen
Über
Menschen
Knochen Knochen
Über

Knochen
Beine Beine
Köpfe Köpfe
Hände Hände
Hirne Hirne
Herzen Herzen
Leiber Leiber
Dicht gedrängt
Gehäuft gemasset
Wirr verschlungen
Hinter Zeichen
Fahnen Fahnen
Trommelnd brechend
Fluchend betend
Mordend sengend
Heilend lindernd
Tröstend löschend
Mütter Kinder
Väter Gatten
Freunde Fremde
Feinde Brüder
Schwestern Huren
Bräute Krieger
Mörder Beter
Fallen fallen
Schichten Wege
Fallen fallen
Schütten Wege
Fallen fallen
Wege Wege
Wegeschotter
Wege Wege
Neue Wege
Wege
Wege
Durch das Elend

Durch das Grausen
Durch das Leiden
Durch den Atem
Voll von Keimen
Durch den Atem
Voll von Toden
Durch den Atem
Voll von Leben
Durch die Tränen
Tränen Tränen
Durch
Die
Nächte Nächte
Nächte
Voran Voran
Hoch die Zeichen
Voran Voran
Schauer Zucken
Voran Voran
Schrei und Täuben
Voran Voran
In die Gähne
Voran Voran
In die Leere
Voran Voran
In die Wiege
Voran Voran
In die Gruft
Kreis im Kreise
Kreis im Kreise
Voran Voran
In den Anfang
Voran Voran
In das Ende
Voran Voran
In den Abgrund

Voran Voran
In die Höhe
Voran Voran
In das Sterben
Voran Voran
In das Werden
Kreis im Kreise
In das Werden
Kreis im Kreise
In das Werden
In
Das
Werden Werden Werden
In
Das
Kreisen Kreisen Kreisen
In
Die
Tränen Tränen Tränen
In die
Tränen
In den Raum
In den Raum
In den Raum!

Tränen kreist der Raum!

W e l t w e h e

[Der Sturm, Berlin 1915]

Nichts Nichts Nichts
Haucht
Nichts
Hauchen
Nichts
Hauch
Wägen
Wägen wegen
Wegen regen
Stauen
Lauen
Weben schweben wallen ballen
Warmen
Biegen bogen
Wärmen
Drehen drehen
Dunsten
Streifen glimmen
Fachen
Hitzen
Glühen
Wellen
Sieden brodeln rauschen brausen
Züngeln springen
Flammen spritzen
Platzen
Knattern knallen krachen
Tausend
Null Null Null
Tausend
Null
Milliarden
Null Null Null

Weißen
Lichten
Kreisen kreisen
Bahnen
Fliegen
Kreisen kreisen
Rollen
Kugeln
Kugeln kugeln
Glatten
Kugeln
Platten
Kugeln
Kreisen
Kugeln
Dichten schichten wichten walzen wälzen
Festen
Kreisen
Pressen
Kugeln
Schmieden
Kreisen
Kernen
Kugeln
Kern.
Halten fassen kraften schwingen
Ruhen reißen sprengen
Heben senken falten
Schieben wogen
Starren
Heißen
Beben
Schweißen
Beben
Leben
Atmen

Leben
Leben leben
Zeugen
Bären
Leben leben
Blühen
Wachsen
Leben leben
Brennen
Starken
Marken
Rollen rollen
Leuchten trocknen feuchten lichten
Streben ranken
Tönen
Ringen
Kämpfen
Ringen
Ringen
Können
Wollen
Können
Schwanken
Können
Wollen
Blühen
Wollen
Rollen
Können
Kranken
Placken racken ächzen
Rollen
Wollen
Lallen
Wollen wollen
Ranken

Wollen wollen
Rollen
Drehen wehen rollen
Wollen wollen
Stürmen wollen
Drehen
Matten
Wollen
Matten
Rollen drehen
Wehen wehen
Wollen
Kreisen
Engen
Kreisen
Engen
Schwanken
Wanken
Zittern
Schwingen
Wiegen kreisen engen lockern
Trudeln krudeln
Trudeln
Schlacken
Lockern
Schlacken
Bröckeln
Aschen
Trollen trollen
Aschen
Trollen trollen
Sollen
Wollen
Stocken reißen
Sacken rasen
Rasen

Sprengen
Platzen
Schmettern
Stäuben stäuben stäuben
Schweben
Weben
Wallen
Weben
Fallen
Wegen
Reigen
Wolken
Schleichen
Flaken
Weiten
Flaken
Wachten
Steinen
Nachten
Nebeln
Nachten
Weiten
Nachten nachten
Losen
Nachten nachten
Lösen
Nachten nachten
Raumen
Nachten nachten
Zeiten
Nachten
Weiten raumen zeiten
Nachten
Zeiten zeiten
Nachten
Zeiten

Nachten
Weiten
Weiten
Nichts Nichts Nichts
Nichts.

Tropfblut

Gedichte aus dem Krieg

[Der Sturm, Berlin 1915]

Krieg

Wehe wühlt
Harren starrt entsetzt
Kreißen schüttert
Bären spannt die Glieder
Die Stunde blutet
Frage hebt das Auge
Die Zeit gebärt
Erschöpfung
Jüngt
Der
Tod.

Wecken

Die Nacht
Seufzt
Um die schlafen Schläfen
Küsse.
Eisen klirrt zerfahlen.
Hass reckt hoch
Und
Schlurrt den Traum durch Furchen.
Wiehern stampft
Schatten lanzt der Wald.
Ins Auge tränen
Sterne
Und
Ertrinken.

Schlachtfeld

Schollenmürbe schläfert ein das Eisen
Blute filzen Sickerflecke
Roste krumen
Fleische schleimen
Saugen brünstet um Zerfallen.
Mordesmorde
Blinzen
Kinderblicke.

Wunde

Die Erde blutet unterm Helmkopf
Sterne fallen
Der Weltraum tastet.
Schauder brausen
Wirbeln
Einsamkeiten.
Nebel
Weinen
Ferne
Deinen Blick.

Vernichtung

Die Himmel wehen
Blut marschiert
Marschiert
Auf
Tausend Füßen

Die Himmel wehen
Blut zerstürmt
Zerstürmt
Auf

Tausend Schneiden.

Die Himmel wehen
Blut zerrinnt
Zerrinnt
In
Tausend Fäden

Die Himmel wehen
Blut zersiegt
Zersiegt
In
Tausend Scharten.

Die Himmel wehen
Blut zerschläft
Zerschläft
Zu
Tausend Toden

Die Himmel wehen
Tod zerwebt
Zerwebt
Zu
Tausend Füßen.

Werttod

Fluchen hüllt die Erde
Wehe schellt den Stab
Morde keimen Werde
Liebe klaffen Grab
Niemals bären Ende
Immer zeugen Jetzt
Wahnsinn wäscht die Hände
Ewig
Unverletzt.

Urtod

Raum
Zeit
Raum
Wegen
Regen
Richten
Raum
Zeit
Raum
Dehnen
Einen
Mehren
Raum
Zeit
Raum
Kehren
Wehren
Recken
Raum
Zeit
Raum
Ringen
Werfen
Würgen
Raum
Zeit
Raum
Fallen
Sinken
Stürzen
Raum
Zeit
Raum
Wirbeln

Raum
Zeit
Raum
Wirren
Raum
Zeit
Raum
Flirren
Raum
Zeit
Raum
Irren
Nichts.

Signal

Die Trommel stapft
Das Horn wächst auf
Und
Sterben stemmt
Das Haupt durch flattre Sterben
Sträubt
Gehen Gehen
Sträuben
Geht
Und geht und geht
Und geht und geht
Und geht und geht und geht und geht
Geht
Stapft
Geht.

Sturmangriff

Aus allen Winkeln gellen Fürchte Wollen
Kreisch
Peitscht
Das Leben
Vor
Sich
Her
Den keuchen Tod
Die Himmel fetzen.
Blinde schlächtert wildum das Entsetzen.

Abend

Müde webt
Stumpfen dämmert
Beten lastet
Sonne wundet
Schmeichelt
Du.

Gefallen

Der Himmel flaumt das Auge
Die Erde krallt die Hand
Die Lüfte sumsen
Weinen
Und
Schnüren
Frauenklage
Durch
Das strähne Haar.

Frostfeuer

Die Zehen sterben
Atem schmilzt zu Blei
In den Fingern sielen heiße Nadeln.
Der Rücken schneckt
Die Ohren summen Tee
Das Feuer
Klotzt
Und
Hoch vom Himmel
Schlürft
Dein kochig Herz
Verschrumplig
Knistrig
Wohlig
Sieden Schlaf.

Schlacht

Ächzen ringt
Und
Stampfet in die Erde
Packen würgt
Und
Windet wühlt und stemmt
Die Lüfte stehn
Und
Klammern krampfzerrissen
Zerfetzen kracht
Und
Schellet gell zu Boden
Das Wissen stockt
Die Hoffnung bebt und starrt
Die Ahnung blutet

Schreien wächst empor
Das Leben
Flammt
Die letzten Brände
Sprühen
Wild
Krallt
Das Sterben
Auf
Zum Himmel.
Das Taglicht stickt
Die Nacht
Flort um
Das Grabtuch
Die Erde hüllt
Und
Liebe spreizt den Schoß
Die Sterne zittern
Strahlen brücket über
Die Zeit klimmt an
Und
Lächeln sammelt Tropfen
Und
Sammeln Lächeln
Lächeln Sammeln Schreiten
Und
Sammeln schreitet
Lächeln Schreiten Schwinden
Und
Schreiten schwindet
Schwinden Lächeln Schreiten
Und
Schwinden schreitet nach
Dem sturen Raum.

Schrapnell

Der Himmel wirft Wolken
Und knattert zu Rauch.
Spitzen blitzen.
Füße wippen stiebig Kiesel.
Augen kichern in die Wirre
Und
Zergehren.

Feuertaufe

Der Körper schrumpft den weiten Rock
Der Kopf verkriecht die Beine
Erschrecken
Würgt die Flinte
Ängste
Knattern
Knattern schrillen
Knattern hieben
Knattern stolpern
Knattern
Übertaumeln
Gelle
Wut.
Der Blick
Spitzt
Zisch
Die Hände spannen Klaren.
Das Trotzen ladet.
Wollen äugt
Und
Stahler Blick
Schnellt
Streck
Das

Schicksal.

Angriff

Tücher
Winken
Flattern
Knattern.
Winde klatschen.
Dein Lachen weht.
Greifen Fassen
Balgen Zwingen
Kuss
Umfangen
Sinken
Nichts.

Triebkrieg

Augen blitzen
Dein Blick knallt auf
Heiß
Läuft das Bluten über mich
Und
Tränket
Rinnen See.
Du blitzst und blitzest.
Lebenskräfte
Lodern
Moder wahnet um
Und
Stickt
Und
Stickt.

Abend

Zähnen
Plantschet streif das Blut des Himmels
Denken schicksalt
Tode zattern und verklatschen
Sterne dünsten
Scheine schwimmen
Wolken greifen fetz das Haar
Und
Weinen
Mein
Zergehn
Dir
In
Den
Schoß.

Wacht

Die Nacht wiegt auf den Lidern
Müdigkeit flackt und neckt
Der Feind verschmiegt
Die Pfeife schmurgt
Verloren
Und
Alle Räume
Frösteln
Schrumpfig
Klein.

Patrouille

Die Steine feinden
Fenster grinst Verrat
Äste würgen
Berge Sträucher blättern raschlig
Gellen
Tod.

Schrei

Tage sargen
Welten gräbern
Nächte ragen
Blute bäumen
Wehe raumen alle Räume
Würgen
Schwingen
Und
Zerschwingen
Schwingen
Würgen
Und
Zerwürgen
Stürmen
Strömen
Wirbeln
Ballen
Knäueln
Wehe Wehe
Wehe
Wehen
Nichtall.

Im Feuer

Tode schlurren
Sterben rattert
Einsam
Mauert
Welttiefhohe
Einsamkeiten.

Kampfflur

Glotzenschrecke Augen brocken wühles Feld
Auf und nieder
Nieder auf
Brandet
Sonne
Steinet Sonne
Und
Verbrandet.

Heidekampf

Sonne Halde stampfen keuche Bange
Sonne Halde glimmet stumpfe Wut
Sonne Halde sprenkeln irre Stahle
Sonne Halde flirret faches Blut
Blut
Und
Bluten
Blut
Und
Bluten Bluten
Dumpfen tropft
Und
Dumpfen

Siegt und krustet
Sonne Halde flackt und fleckt und flackert
Sonne Halde blumet knosper Tod.

Frage

Und
Stämme schlanken weiten Himmel
Und
Herzen schwanken brüten Schmerz
Und
Halme hauchen welle Stürme
Und
Schweigen schrickt
Und
Beugt und geht
Und
Gehen Gehen
Wege Ziele Richtung
Und
Gehen Gehen
Lieben Leben Tod
Und
Gehen Gehen
Endlos wellen Stürme
Und
Gehen Gehen
Endlos halmt
Das
Nichts.

Traumig

Frauen schreiten ab zersehnte Augen
Kinderlachen händelt schmerzes Blut
Fernen nicken
Blüten winken
Kommen sammeln winden
Würgen sticket klamm die tränen Schlund.

Granaten

Das Wissen stockt
Nur Ahnen webt und trügt
Taube täubet schrecke Wunden
Klappen Tappen Wühlen Kreischen
Schrillen Pfeifen Fauchen Schwirren
Splittern Klatschen Knarren Knirschen
Stumpfen Stampfen
Der Himmel tapft
Die Sterne schlacken
Zeit entgraust
Sture weltet blöden Raum.

Wache

Das Turmkreuz schrickt ein Stern
Der Gaul schnappt Rauch
Eisen klirrt verschlafen
Nebel streichen
Schauer
Starren Frösteln
Frösteln
Streicheln
Raunen
Du!

Zagen

Die Himmel hangen
Schatten haschen Wolken
Ängste
Hüpfen
Ducken
Recken
Schaufeln schaufeln
Müde
Stumpf
Versträubt
Die
Gehre
Gruft.

Angststurm

Grausen
Ich und Ich und Ich und Ich
Grausen Brausen Rauschen Grausen
Träumen Splittern Branden Blenden
Sterneblenden Brausen Grausen
Rauschen
Grausen
Ich.

Kriegsgrab

Stäbe flehen kreuze Arme
Schrift zagt blasses Unbekannt
Blumen frechen
Staube schüchtern.
Flimmer

Tränet
Glast
Vergessen.

Biographischer Abriss August Stramms

August Stramm, 1915 (Foto von Anonymus)

Albert Bernhard Stramm erblickt am 29. Juli 1874 in Münster als Sohn des Berufssoldaten Gottfried Michael Stramm und der Anna Maria Heise das Licht der Welt; katholische Taufe am 3. August 1874. Am 16. April 1875 heiraten seine Eltern. Der Vater wird häufig versetzter Beamter der Postverwaltung; viele Wohnungsumzüge. 1883 besucht August Stramm das Dürener, 1885 das Eupener Gymnasium und seit 1888 das Kaiser-Wilhelms-Gymnasium in Aachen, wo er am 22. Februar 1893 das Abitur besteht. Auf Wunsch seines Vaters verzichtet er auf ein Studium der katholischen Theologie, tritt in den Postdienst ein, mit dem Ziel einer höheren Verwaltungslaufbahn. 1896 Postsekretärsprüfung, danach einjährige Dienstpflicht als Soldat. 1897-1900 Seepostdienst auf der Linie Bremen / Hamburg-New York; Fortbildung in den USA. Um die Jahreswenden 1898 / 1899 und 1899 / 1900 Berliner Post- und Telegraphenschule; Vorlesungen über Staats- und Verwaltungsrecht, Nationalökonomie, Finanzwissenschaft, Verkehrsgeschichte, Handelsgeographie. 1902 höhere Verwaltungsprüfung für Post und Telegraphie. Beförderungen zum Postpraktikanten und Leutnant. Am 9. November 1902 heiratet er (drei Kinder) die Journalistin und Schriftstellerin Else Krafft (Isolde Leyden; 1877-1947). Die Familie lebt in Bremen. 1903 Ober-Postpraktikant. In der *»Vossischen Zeitung«*, bei der Stramms Schwiegervater als Redakteur wirkt, erscheint der Aufsatz *»Auswanderer!«*, seine erste Veröffentlichung. 1904 verfasst Stramm das Drama *»Die Bauern«*, mit dem er sich 1905 um den Volksschillerpreis bewirbt.

Berufung in den Berliner Postdienst. Stramm wird Gasthörer an der Universität, studiert (bis Herbst 1908) Geschichte, Nationalökonomie, Finanzwissenschaft, Philosophie. Am 19. November 1909 Promotion zum Dr. phil. an der Universität Halle-Wittenberg mit der Dissertation *»Das Welteinheitsporto. Historische, kritische und finanzpolitische Untersuchungen über die Briefpostgebührensätze des Weltpostvereins und ihre Grundlagen«* (Kaemmerer, Halle 1910). Beförderungen zum Postinspektor und Oberleutnant (regelmäßige Dienstübungen). Umzug nach Berlin-Karlshorst. Dramen *»Der Gatte«* (publiziert 1924), *»Die Unfruchtbaren«*, *»Die Opfer«* (1928 aufgeführt; verschollen). 1912 Dramen *»Sancta Susanna«*, *»Rudimentär«*, *»Die Haidebraut«* und Gedichte (größtenteils verlorengegangen).

1913 Umgang mit Hans Blüher (1888-1955; deutscher Schriftsteller und Philosoph, Historiker der Wandervogelbewegung) und Hermann Essig (1878-1918; deutscher Dramatiker, Erzähler und Lyriker; Der *»Taifun«*, 1919; *»Am meisten vergnügt mich Hermann Essig durch die Umkehrung einer gewohnten psychologischen Perspektive. Er stellt die Frauen als die Geistigeren dar, als die bewussteren Tiere, deren Entschlüsse in größerer Helligkeit wachsen, ferner von besinnungsloser Dumpfheit; aber er empfindet sie auch als die Boshafteren, Härteren, Verlogeneren. Man würde den Hermann Essig einen grausamen Psychologen nennen, wenn man nicht fühlte: er liebt die Frauen viel zu sehr, um sie zu idealisieren; er kann noch da lächelnd genießen, wo ein Strindberg tobt und anklagt.«* {Jakob van Hoddis}). Verlegersuche. Herwarth Walden (Georg Lewin; 1878-1941; Schriftsteller, Verleger, Galerist, Musiker; Förderer deutscher Avantgarde {Expressionismus,

Futurismus, Dadaismus, Neue Sachlichkeit} des frühen 20. Jahrhunderts; verheiratet mit Else Lasker-Schüler), Herausgeber von *»Der Sturm«*, nimmt das Drama *»Sancta Susanna«* zur Veröffentlichung an. 1914 Beginn einer Freundschaft mit Walden. Mehrere Einakter Stramms werden in der Reihe der *»Sturm-Bücher«* publiziert. Dramen *»Rudimentäre«*, *»Die Haidebraut«*, *»Erwachen«*, *»Kräfte«*; Gedichte.

Als im August 1914 der Erste Weltkrieg ausbricht wird Stramm als Hauptmann der Reserve eingezogen; Kompanieführer im Badischen Landwehr-Infanterie-Regiment 110. Gefechte in den Vogesen. Gerichtsoffizier im Elsass. Entwurf eines umfangreichen Dramas *»Der Krieg«* oder *»Bluten«* (unvollendet). Drama *»Erwachen«* (»Sturm-Buch IV«).

Januar 1915 Versetzung als Kompanieführer zum Reserve-Infanterie-Regiment 272 der neugebildeten 82. Reservedivision (Stellungskrieg bei Chaulnes/Département Somme). Während seiner Reise an die Westfront entwirft Stramm das Drama *»Geschehen«*. Eisernes Kreuz II. Klasse. *»Du. Liebesgedichte«*. Frühjahr 1915 Verlegung seines Regiments an die Ostfront (Schlacht von Gorlice); seit 19. Mai Bataillonskommandeur (Schlacht bei Radymno und bei Grodek). Österreichisches Verdienstkreuz.

August 1915 Fronturlaub in Berlin. Eine Befreiung vom Militärdienst lehnt Stramm ab. Er fällt am 1. September 1915 bei einem Sturmangriff in den Rokitno-Sümpfen in Russland. Tags darauf wird er auf dem jüdischen Friedhof von Horodec beigesetzt.

Joerg K. Sommermeyer, Berlin, 20. Oktober 2018

JOERG K. SOMMERMEYER (HRSG.)

BALLEINRUBIN

BALL
EINSTEIN
RUBINER

TENDERENDA

BEBUQUIN

POLITIK

ORLANDO SYRG